Tão importante como um pedaço da língua

FTD

Copyright © Paula Fábrio, 2023

Reprodução proibida: Art. 184 do Código Penal e Lei 9.610 de 19 de fevereiro de 1998. Todos os direitos reservados à

EDITORA FTD

Rua Rui Barbosa, 156 — Bela Vista — São Paulo — SP

CEP 01326-010 — Tel. 0800 772 2300

www.ftd.com.br | central.relacionamento@ftd.com.br

DIRETOR-GERAL Ricardo Tavares de Oliveira
DIRETOR DE CONTEÚDO E NEGÓCIOS Cayube Galas
GERENTE EDITORIAL Isabel Lopes Coelho
EDITOR Estevão Azevedo
EDITORA-ASSISTENTE Aline Araújo
ANALISTA DE RELAÇÕES INTERNACIONAIS Tassia Regiane Silvestre de Oliveira
COORDENADOR DE PRODUÇÃO EDITORIAL Leandro Hiroshi Kanno
PREPARADORA Kandy Saraiva
REVISORAS Marina Nogueira e Lívia Perran
EDITORES DE ARTE Daniel Justi e Camila Catto
PROJETO GRÁFICO E DIAGRAMAÇÃO Flávia Castanheira
DIRETOR DE OPERAÇÕES E PRODUÇÃO GRÁFICA Reginaldo Soares Damasceno

---

Dados Internacionais de Catalogação na Publicação (CIP)
(Câmara Brasileira do Livro, SP, Brasil)

Fábrio, Paula
Tão importante como um pedaço da língua / Paula Fábrio;
ilustrações de Laura Athayde.
1. ed. – São Paulo: FTD, 2023.

ISBN 978-85-96-03917-8

1. Literatura infantojuvenil I. Athayde, Laura. II. Título.

22-134540   CDD-028.5

Índices para catálogo sistemático:
1. Literatura infantil 028.5
2. Literatura infantojuvenil 028.5

Aline Graziele Benitez - Bibliotecária - CRB-1/3129

A - 944.315/25

Aos meus melhores amigos:
os livros.

Havia três amigas inseparáveis.
E havia o gato Fernando, que perdeu um pedaço da língua.
Mas as três amigas também perderam algo importante, tão importante como um pedaço da língua. Como a língua inteira, talvez.

A primeira das três amigas inseparáveis tinha os cabelos crespos, vermelhos e armados, que cresciam para além das orelhas, assim como as cabeleiras de certos palhaços. Todos achavam graça nisso, menos a menina e a mãe da menina. Cada vez que a chamavam de peruca maluca, ela guardava o choro e passava horas trancada no quarto, metade do tempo inventando nomes terríveis para aqueles que a insultavam, a outra metade viajando para bem longe, seguindo o caminho das estrelas no céu — foi quando ela se apaixonou por astronomia, a ciência que estuda os astros, e passou a pesquisar o assunto. E ler, ler e ler. E assim ela cresceu; cresceu muito e se tornou a menina mais alta da turma. E a mais inteligente também. Seu nome era Maria Eduarda.

Maria Eduarda morava na rua das amigas inseparáveis.

A segunda amiga inseparável chamava-se Nayara e tinha os cabelos também crespos, mas com fios negros, finos, leves feito algodão, que se armavam para o alto, descontrolados, num emaranhado sem começo nem fim. Em geral, ninguém falava nada sobre isso. Mas, quando outra criança ficava muito brava com Nayara ou com inveja dela, uma espuma raivosa vinha à boca dessa outra criança, que dizia: "Você parece um baobá!". A maioria das meninas e meninos da idade de Nayara já tinha visto uma foto ou um desenho de um baobá, com sua copa que lembrava um cabeção com cabelos desgrenhados e um tanto assustadores. E assim, enquanto crescia, Nayara se encolhia, encolhia e encolhia, para que ninguém percebesse sua presença descabelada. E se tornou a menina mais baixa da turma. E a mais meiga também. Com tanta ternura sobrando-lhe nas mãos, ela adotou um gato, o gato Fernando, cuja língua, àquela altura, estava sã e salva.

Nayara também morava na rua das amigas inseparáveis.

A terceira amiga inseparável tinha o cabelo liso feito manga chupada. Porém, naquele tempo, por algum motivo, ou por vários motivos, ninguém falava mal de cabelos manga chupada. Mas todos falavam mal de quem tinha um queixo imenso e a boca mole e envelhecida como a de um fantasma. Esse era o caso de Amanda. Havia até quem a chamasse de queixada. E ninguém queria papo com ela. E, por não ter com quem conversar, sua boca passou a comer, comer e comer. E assim Amanda se tornou a menina mais gorda da turma. E a mais leal também, porque pouco falava e tudo escutava.

E, claro, Amanda morava na rua das amigas inseparáveis.

Como era possível prever, as três decidiram que não precisavam dar trela a quem implicasse com elas. Foi quando se tornaram inseparáveis.

Então, o tempo da in-se-pa-ra-bi-li-da-de começou.

No meio da tarde, depois da escola, as três se reuniam na companhia do gato Fernando e se divertiam a valer. Maria Eduarda contava tudo sobre o que aprendera nos livros: os mistérios do cosmos, as viagens dos planetas e os segredos do círculo da Terra. Nayara e Amanda ouviam-na com profundo interesse e imaginavam as luas de Júpiter, a bola de fogo do Sol e o azul distante de Netuno. Juntas, planejavam expedições espaciais e a compra de lunetas enormes, muito maiores do que um poste; não, não, muito maiores que a casa, a rua, o bairro inteiro. Amanda, por sua vez, sugeria que levassem chocolate, bolo de chocolate e pastéis de chocolate às expedições. Isso não era nada mau, todas concordavam. Mas chocolate seria a comida ideal para o espaço? Maria Eduarda comentou que os alimentos flutuavam dentro de uma nave espacial. Já pensaram? Um chocolate flutuante? Elas riam até se engasgar. E assim cresciam e cresciam juntas. E assim se passou um bom tempo, um tempo bom.

Mas o tempo, como todo tempo, acaba.

E nenhum tempo, quando acaba, avisa que vai acabar.

Mas todo tempo tem hora certa para acabar.

SUPLEMENTO DE LEITURA
TÃO IMPORTANTE COMO UM PEDAÇO DA LÍNGUA

Paula Fábrio
Ilustrações
Laura Athayde

Nome do aluno: _____

_____ Ano: _____

Nome da escola: _____

1. Sobre o título *Tão importante como um pedaço da língua*, responda às questões a seguir.

   a) Como você explicaria esse título a alguém que deseja ler o livro? Comente como ele se relaciona com a narrativa.

   _____
   _____
   _____
   _____

   b) Para você, o que é tão importante como um pedaço da língua? Justifique.

   _____
   _____
   _____
   _____

7. Qual é o significado da palavra "epifania"? Por que essa palavra foi usada para narrar a experiência de Nayara?

_____

_____

_____

_____

_____

8. Releia os dois últimos parágrafos do livro e escreva um texto breve comentando o desfecho da história. Em sua opinião, Nayara soube lidar com os conflitos que viveu? Você se sentiria de outra forma? Procure contemplar essas questões em seu texto.

_____

_____

_____

_____

_____

_____

_____

_____

_____

_____

ELABORAÇÃO Aline Araújo

O tempo das três amigas inseparáveis acabou exatamente às três da tarde. No dia em que o dia virou noite.

Havia nuvens escuras e uma fumaça cinza no céu. No ar, um cheiro forte de mata queimada. Todos olhavam com assombro pelas janelas. Mais tarde, descobririam que esse havia sido um dia histórico. No entanto, naquela hora, Nayara estava entretida com outra questão. Bem naquela hora, Nayara descobriu que haviam lhe contado uma mentira.

Por um breve momento, ela duvidou do que descobrira.

No telefone, a voz de dona Nanci lhe pareceu dura e cruel:

— Maria Eduarda não está.

Para ganhar tempo, Nayara quis confirmar:

— Não está?...

— Não está!

Nayara tinha dez anos, sete meses e vinte e cinco dias de idade, mas isso não a impediu de saber: a mãe de Maria Eduarda estava mentindo.

 Ela desligou o telefone e quase pisou no gato Fernando antes de chegar à cozinha:
 — Mãe, a dona Nanci mentiu.
 A mãe de Nayara, por sua vez, parecia conversar com a panela de pressão:
 — Temos apenas dez reais para passar a semana.
 A panela não respondeu, continuou a exalar vapor, como duas narinas muito apressadas.

Nayara entendeu que, assim como a panela, ela não teria o que dizer. Tentou pensar no que seria possível fazer com dez reais. Mas essa nova preocupação não a fez se esquecer de Maria Eduarda, da mãe de Maria Eduarda e da mentira. Foi até o portão da casa. Olhou para a rua: vazia. O mau tempo dava medo. Parecia chuva, mas não caiu nem um pingo d'água. Estranho.

O gato Fernando miou sem o pedaço da língua que faltava. Era um miado pela metade.
Apesar de tudo estar sombrio demais, inclusive o tempo, Nayara decidiu ligar para Amanda e descobrir o que havia acontecido.
— Amanda não está.
— Não está?...
— Não está!
Nos dias seguintes, após vinte e seis tentativas, Nayara concluiu que o som da palavra "não" era redondo, interminável e fazia eco dentro do peito. Ela também concluiu que as duas mães não sabiam mentir direito.
Mas não era só isso.

o

Amanda e Maria Eduarda sumiram das conversas no celular. Nayara viu a palavra "oi" ficar sem resposta, sozinha no meio da tela do velho aparelho que era dela, mas que antes havia sido da mãe e da avó. Houve um momento em que Nayara preencheu a tela inteira com dezenas de "oi", um em seguida do outro; eles lembravam uma fila de círculos formados pela letra "o" acompanhados de palitos de fósforos formados pela letra "i". Para ela, aquelas letras não faziam sentido. Um "oi" sozinho é apenas um "oi" sozinho.

Mas Nayara não desistiu. Montou guarda na grade do portão, com o gato Fernando no meio das pernas. Toda vez que uma das amigas entrava ou saía de casa, ela tentava um "olá" com os braços agitados, e nada. A cada dia, porém, seus braços se agitavam menos, até que se esconderam de uma vez atrás das costas.

Com dez anos, oito meses e vinte e dois dias, Nayara já sabia que há poucas coisas mais tristes do que perder uma amizade. Entretanto, perder um amigo sem saber por que o perdeu, além de triste, é injusto. E por muito tempo ela guardou aquele eco no peito e andou sem sentido pela rua das amigas inseparáveis, como um "oi" sozinho na tela do celular. E por muito mais tempo ainda também procurou o motivo dessa separação: procurou nas mensagens arquivadas, nas redes sociais, nas gavetas dos armários, nas conversas com a mãe, nas fotografias dos aniversários, nos livros da escola, nos bolsos das roupas, no presente, no passado e até no futuro; procurou por toda parte, inclusive dentro de si.

Ao seu lado, o tempo todo, o gato Fernando não parava de pensar: "Perder um pedaço da língua é muito triste, mas perder a língua inteira deve ser uma tragédia. A humana Nayara deveria saber: ela não perdeu tudo, só uma parte". Mas o gato Fernando sabia que tudo isso só mudaria quando esse tempo acabasse.

E um dia, finalmente, o tempo de buscar respostas acabou.

Nayara já estava com onze anos, cinco meses e dois dias quando compreendeu que alguns mistérios não se resolvem. Ou se resolvem somente mais tarde, em um momento de distração. Exausta, decidiu trocar as palavras "não" e "oi" por "adeus". E acrescentou um ponto-final, embora uma coisa não tivesse mudado: ela continuava a gostar dos astros e das estrelas, esse universo espetacular que Maria Eduarda havia lhe apresentado.

Enquanto isso, na escola, não havia amigas inseparáveis, mas havia gente legal: Nayara dizia "Oi!", e eles respondiam "Olá!". Ela perguntava "Pode?", e eles diziam "Sim!". Nayara reparou no som da palavra "sim", que lembrava um sino sorridente.

E mais outro tempo se passou. Um tempo assim mais ou menos. E tudo parecia resolvido.

Só que chegou outro dia. O dia da epifania.

Mais adiante, Nayara entenderia o significado dessa palavra. Ela compreenderia que havia tido uma iluminação e finalmente entendera o que tinha para entender.

Epifania de Nayara

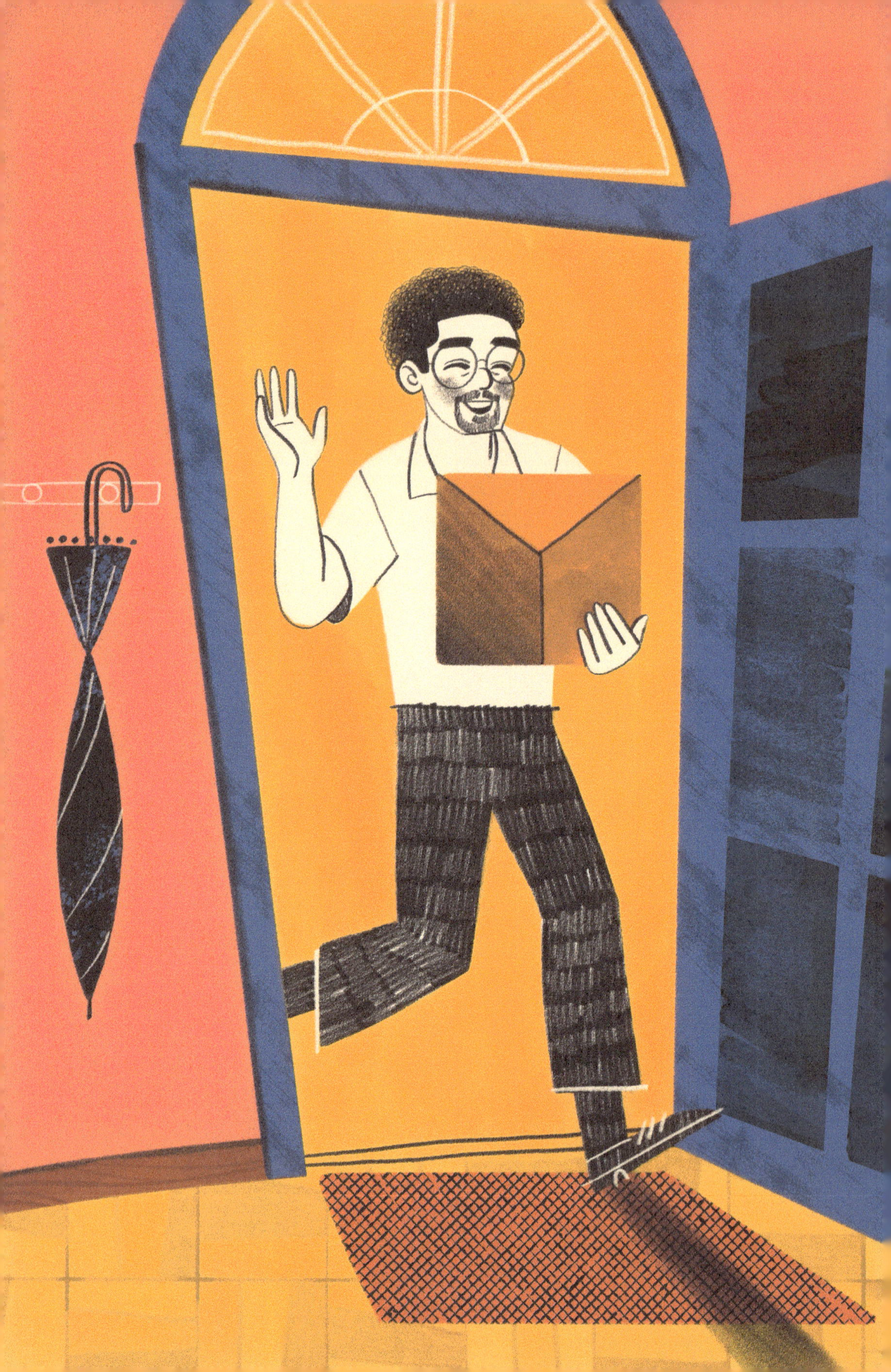

Era Dia dos Pais. Fazia dois anos que Nayara não o via. Conversavam somente por cartas e desenhos. Uma saudade maior que o percurso até a Lua.

Ela quase não reconheceu o pai quando ele entrou pelo portão: estava mais magro, mais cabeludo, meio baobá, e trazia um embrulho debaixo do braço. Nayara havia esperado por esse momento durante muito tempo, um tempo maior que a órbita de Netuno, que leva mais de cinquenta e nove mil dias para dar uma volta completa ao redor do Sol. De tanto que esperou, Nayara calculou, ela mesma já poderia ter dado mil voltas ao mundo.

Antes de abrir o pacote, Nayara já sabia o que era. O pai lhe trouxera um globo terrestre azul da cor da água, da água que cobre dois terços do planeta, um globo bonito assim. E naquela tarde os dois comeram pastéis e pastéis de chocolate também. E ela lhe contou onde ficavam outros países e como a Terra girava e como o tempo passava. O tempo da Terra e o tempo dela, menina. Enquanto o pai a abraçava, dentro do peito dela parecia haver uma bola redonda igual ao globo que ela tinha nas mãos. Mas a bola dentro de seu peito vibrava alto e acelerada. Então, o tempo passou muito rápido. E anoiteceu. Mas não foi como naquele dia histórico, quando anoiteceu por causa do vento, do vento que trouxe a fumaça das queimadas da floresta mais importante do mundo, a floresta localizada no alto de seu país. Anoiteceu porque anoiteceu. E a mãe explicou: o pai tinha de voltar para um planeta distante, de onde não se pode sair, para onde são levados homens e mulheres que fizeram algo errado ou simplesmente porque as pessoas julgam que eles fizeram algo errado. O planeta solidão.

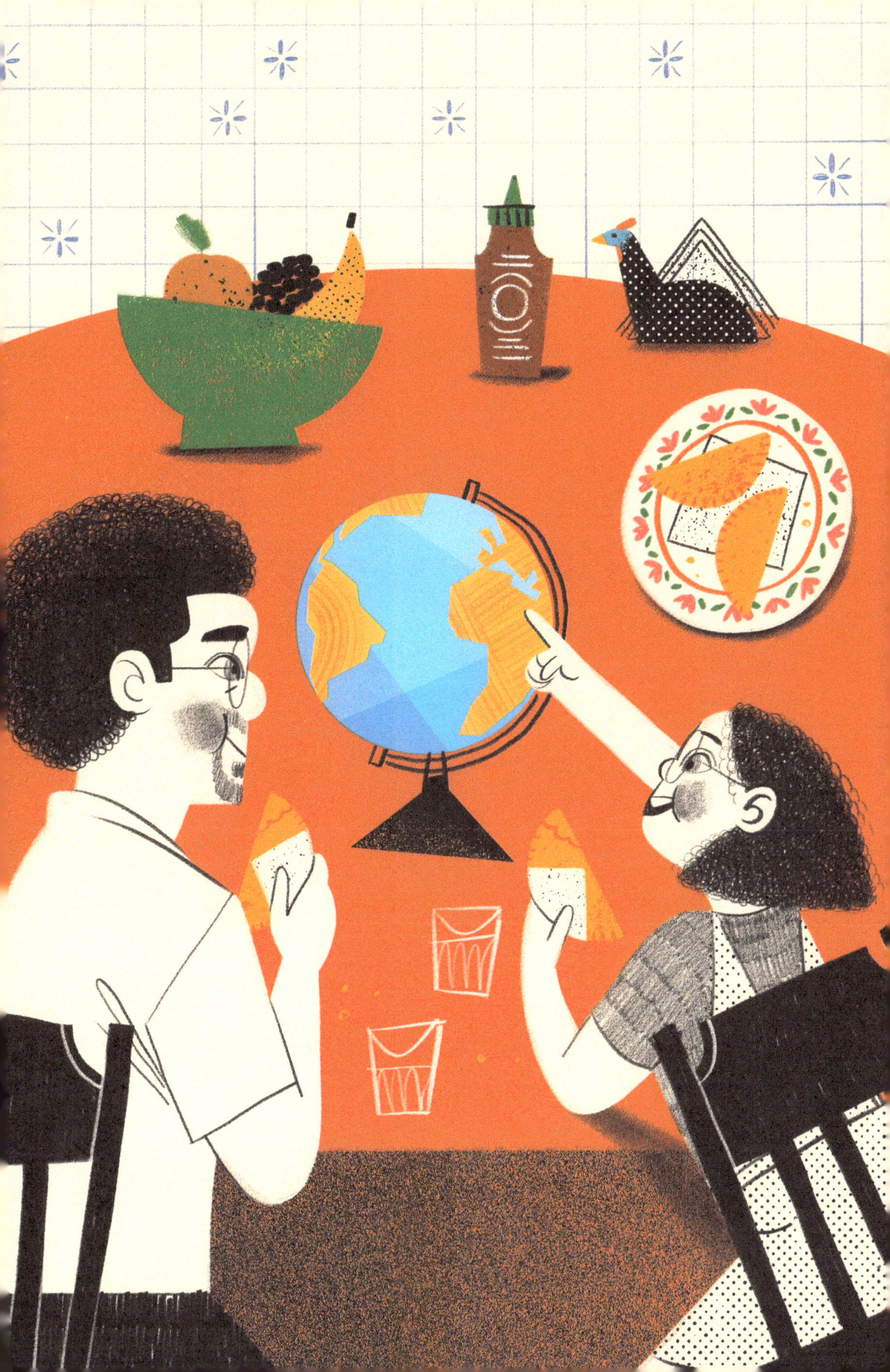

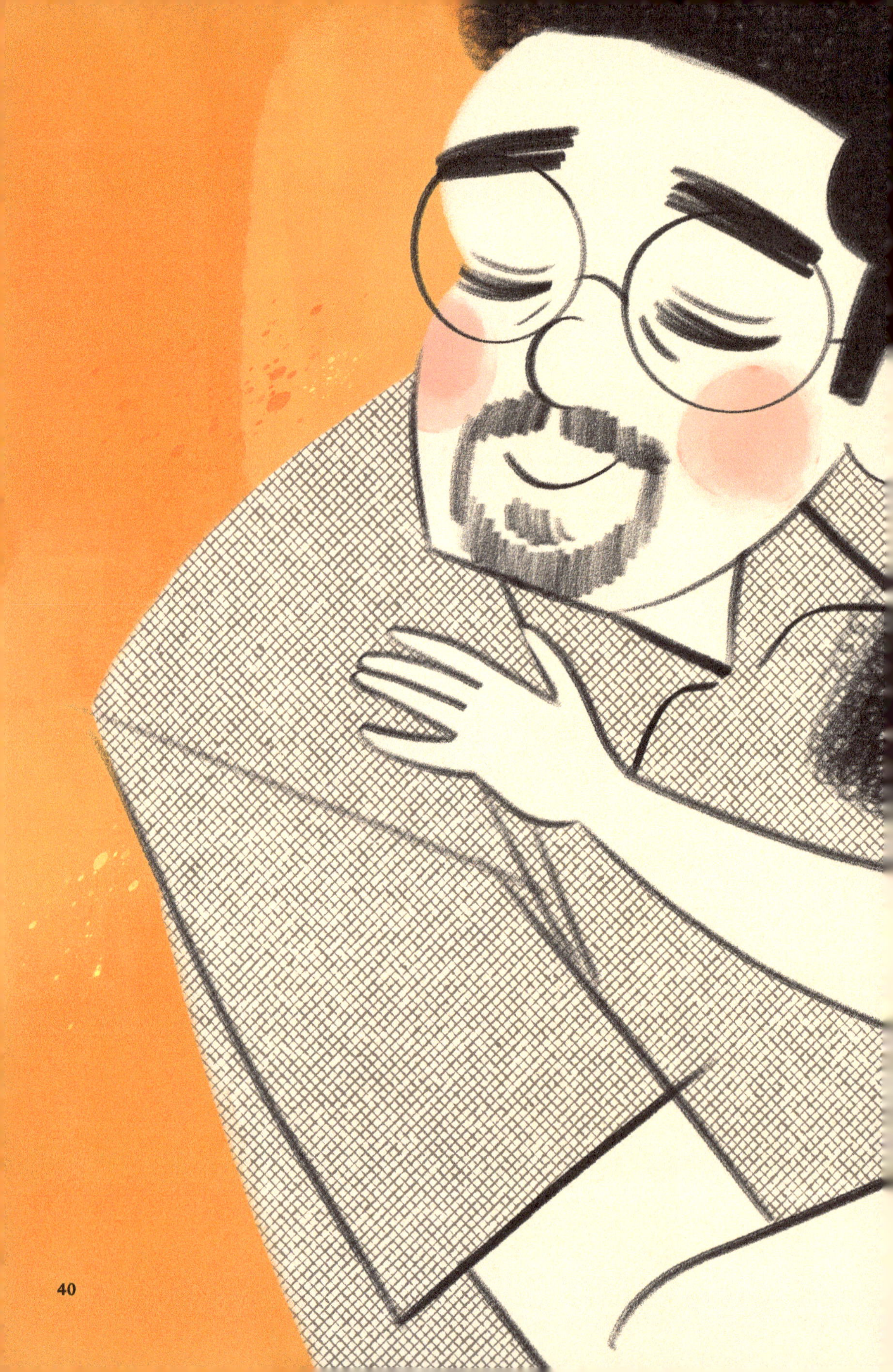

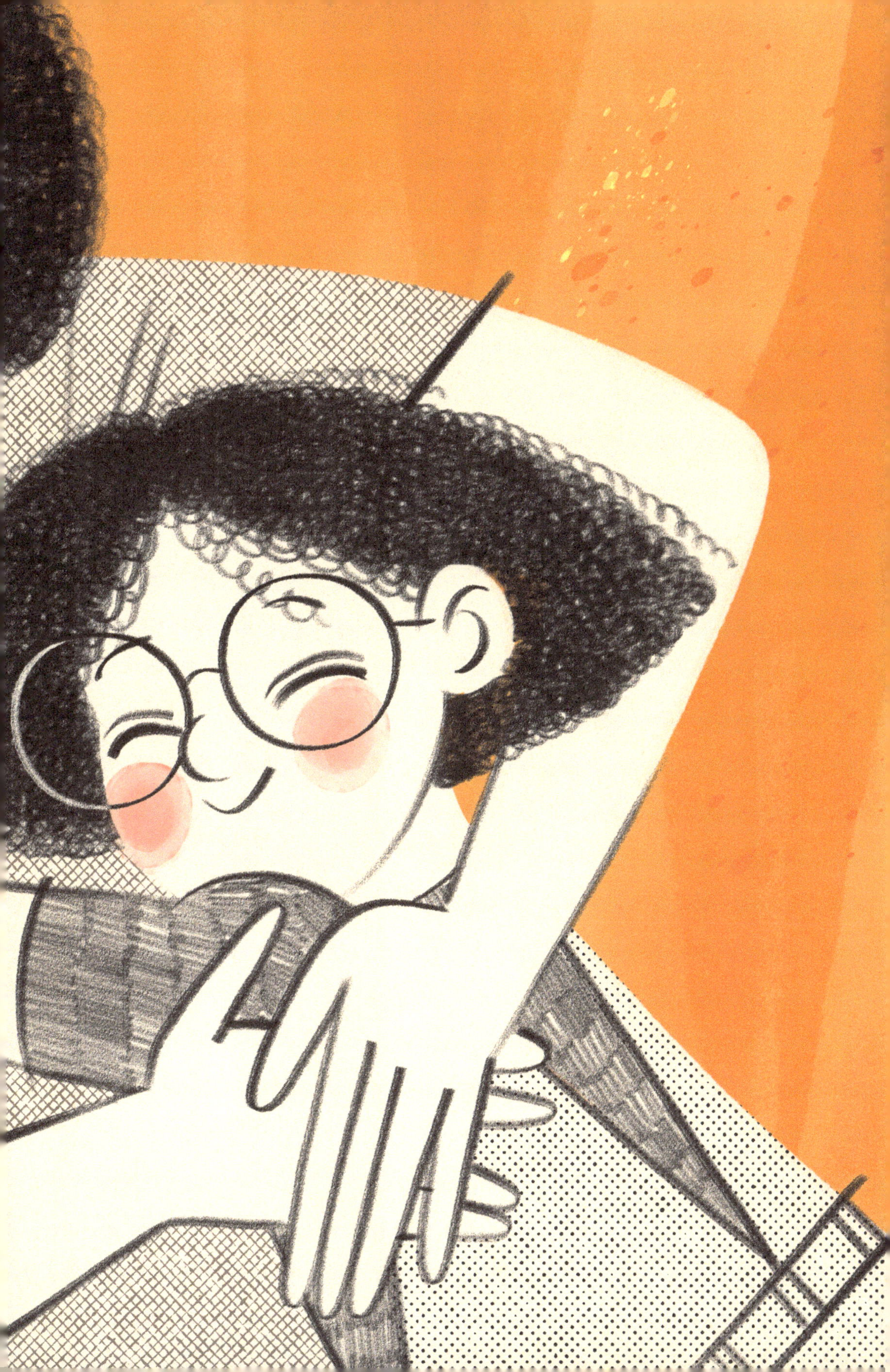

Naquele momento, Nayara compreendeu que a noite escura também pode ser criada pelas pessoas, mas de algum jeito ela poderia elucidar as coisas:

— Desde quando as pessoas sabem que meu pai está preso? — perguntou diretamente à mãe.

— Não sei, Nayara.

— A mãe da Maria Eduarda, a mãe da Amanda, elas sabem?

— Talvez... É possível... Sim, eu acho que elas sabem.

Mais tarde, quando se despediram no portão, Nayara ficou a girar o globo enquanto observava o pai se afastar, até as costas dele diminuírem a ponto de se tornarem uma poeira no céu. Ela não disse nada, apenas entendeu. Ainda pilotaria uma nave para buscar o pai no planeta solidão.

No dia seguinte, Nayara encontrou a turma da escola e passou a ter ainda mais orgulho de ser amiga deles. Foi nessa época que ela se mudou para a rua da Liberdade e decidiu bagunçar seus cabelos de vez, a fim de deixá-los parecidos com os de Albert Einstein, um cientista que sabia quase tudo sobre o espaço.

O que aconteceu com Maria Eduarda e Amanda, com seus cabelos e tudo o mais, Nayara não quis saber. No entanto, ela guarda o que ficou de melhor dessa amizade: a paixão pelo Universo. De vez em quando, ela ainda pergunta ao gato Fernando: "Gato Fernando, como você perdeu um pedaço da língua?". O gato Fernando solta um miado pela metade e encerra o assunto.

QUEM É PAULA FÁBRIO

Nasci em São Paulo (SP) e já fui publicitária, dona de livraria e gerente de biblioteca, mas, somente depois de muito tempo, tomei coragem e decidi fazer o que sempre quis: ser escritora. Desse dia em diante, publiquei vários livros e conquistei alguns prêmios: Melhor Livro Jovem e Escritora Revelação, pela Fundação Nacional do Livro Infantil e Juvenil (FNLIJ), com a obra *No corredor dos cobogós* (2019), e Prêmio São Paulo de Literatura, com o romance adulto *Desnorteio* (2012). Acredito que escrever histórias seja algo tão importante como um pedaço da língua.

QUEM É LAURA ATHAYDE

Sou de Manaus (AM) e, há muito tempo, tanto que já parece ter sido em outra vida, fui advogada. Como sempre amei ler, desenhar e contar histórias, um dia resolvi transformar essas paixões em profissão. Hoje trabalho como ilustradora para os mercados editorial e publicitário e sou autora de histórias em quadrinhos. Fui finalista do Prêmio Jabuti de Ilustração e vencedora do Troféu HQMIX, com o livro *Histórias tristes e piadas ruins* (2018), e do Troféu Angelo Agostini, com a coletânea *Aconteceu comigo: histórias de mulheres reais em quadrinhos* (2020).

Produção gráfica
FTD educação | GRÁFICA & LOGÍSTICA
Avenida Antônio Bardella, 300 - 07220-020 GUARULHOS (SP)
Fone: (11) 3545-8600 e Fax: (11) 2412-5375

São Paulo - 2025

Acesse o catálogo *on-line*
de literatura da FTD Educação

A comunicação impressa
e o papel têm uma ótima
história ambiental
para contar

TWO SIDES
www.twosides.org.br